ALPHABET
LITHOGRAPHIÉ,

PUBLIÉ

A PARIS

Par Aubert et Cie, Editeurs,

PLACE DE LA BOURSE.

PARIS. IMPRIMÉ PAR PLON FRÈRES, RUE DE VAUGIRARD, 36.

MAJUSCULES.

A	B	C	D	E
F	G	H	I	J
K	L	M	N	O
P	Q	R	S	T
U	V	X	Y	Z

MINUSCULES.

a	b	c	d	e
f	g	h	i	j
k	l	m	n	o
p	q	r	s	t
u	v	x	y	z

GOTHIQUES.

a	b	c	d	e
f	g	h	i	j
k	l	m	n	o
p	q	r	s	t
u	v	x	y	z

1.

ANGLAISES.

A B C D E
F G H I J
K L M N O
P Q R S T
U V X Y Z

A-PO-THI-CAI-RE.

On ap-pel-le ain-si un in-di-vi-du qui fait et vend des re-mè-des, ou qui ad-mi-nis-tre des mé-di-ca-ments sui-vant l'or-don-nan-ce du mé-de-cin.

BRI-GANDS.

Vo-leurs de grands che-mins, qui vont tou-jours ar-més et qui mas-sa-crent sans pi-tié les fem-mes et les en-fants, s'ils é-prou-vent de la ré-sis-tan-ce.

CHAS-SEUR.

Per - son - na - ge qui, mu-ni d'un fu-sil ou d'u-ne ar-me quel-con-que, pour-suit à tra - vers la cam-pa-gne le gi-bier ou les bê-tes mal - fai - san - tes pour les dé-trui-re.

DA-MES.

Qua-li-fi-ca-tion des fem-mes ma-riées. On ap-pel-le en-co-re ain-si un mor-ceau de bois ou d'i-voi-re ar-ron-di et plat pour le jeu de da-mes et le tric-trac.

É-LÉ-PHANT.

C'est le plus gros de tous les qua-dru-pè-des. Dans l'In-de les na-babs ou grands sei-gneurs s'en ser-vent com-me de mon-tu-re, et les cou-vrent a-lors de hous-ses bril-lan-tes.

FRAN-CO-NI.

Nom d'un cé-lè-bre é-cu-yer qui a é-ta-bli un spec-ta-cle de vol-ti-ge aux Champs-E-ly-sées, où l'ha-bi-le-té des ca-va-liers le dis-pu-te à l'in-tel-li-gen-ce des che-vaux.

GUER-RIER.

Hom-me de guer-re. La gra-vu-re re-pré-sen-te un che-va-lier ar-mé de tou-tes piè-ces, a-vec son cas-que, sa cui-ras-se, son é-pée, et te-nant un dra-peau ; en un mot, prêt à com-bat-tre.

HIS-TRI-ON.

On dé-si-gne ain-si un mau-vais co-mé-dien, un pail-las-se, un in-di-vi-du qui mon-te sur des tré-teaux, fait des tours, joue des far-ces et lan-ce des quo-li-bets pour fai-re ri-re.

I-DIOT.

Ê-tre dé-pour-vu d'in-tel-li-gen-ce, dont l'es-prit n'est point é-clai-ré par les lu-miè-res de la rai-son ; sor-te de bru-te qui n'a guè-re de l'hom-me que la for-me et la fi-gu-re.

JOUR-NAL.

É-crit pé-ri-o-di-que con-te-nant les nou-vel-les de cha-que jour, le ré-cit des é-vé-ne-ments in-té-res-sants, et u-ne ap-pré-ci-a-tion rai-son-née des faits.

KI-OS-QUE.

Pa-vil-lon cons-truit or-di-nai-re-ment sur la ter-ras-se d'un jar-din, dans le sty-le o-rien-tal, et des-ti-né à ser-vir de rendez-vous de pro-me-na-de.

LAI-TIÈ-RE.

Fem-me qui vend du lait. Tous les ma-tins, à Pa-ris et dans les gran-des vil-les, on voit ar-ri-ver de la cam-pa-gne ces mar-chan-des qui dé-bi-tent leur lait en se te-nant as-si-ses au coin d'u-ne bou-ti-que.

MÉ-DE-CIN.

Per-son-na-ge qui pro-fes-se et ex-er-ce l'art de con-ser-ver la san-té pré-sen-te, et de ré-ta-blir cel-le qui est al-té-rée; en d'au-tres ter-mes, qui pra-ti-que l'art de gué-rir.

NA-VI-RE.

On dé-si-gne sous ce nom tou-te es-pè-ce de vais-seau, c'est-à-di-re tout bâ-ti-ment de char-pen-te cons-truit d'u-ne ma-niè-re pro-pre à flot-ter et à ê-tre con-duit sur l'eau.

O-PÉ-RA-TEUR.

Ce mot se prend com-mu-né-ment pour un char-la-tan qui dé-bi-te ses re-mè-des et qui vend ses dro-gues en pla-ce pu-bli-que.

Se dit aus-si d'un chi-rur-gien.

PRI-SON-NIER.

Mal-heu-reux qui pour un cri-me ou dé-lit quel-con-que est pri-vé de sa li-ber-té et ren-fer-mé dans un li-eu de dé-ten-tion, sans pou-voir sor-tir pen-dant tou-te la du-rée de sa pei-ne.

QUE-REL-LE.

Con-tes-ta-tion, dis-pu-te a-ni-mée, à la sui-te de la-quel-le s'en-ga-ge sou-vent u-ne lut-te, et se fait un mu-tuel é-chan-ge de coups de pied et de coups de poing.

RO-BERT-MA-CAI-RE.

Per-son-na-ge i-ma-gi-nai-re, de mê-me que Mayeux; ca-ri-ca-tu-re po-pu-lai-re qui de nos jours pas-se pour ê-tre le ty-pe de l'in-tri-gant, du four-be et du fai-seur de du-pes.

SA-LON.

Piè-ce d'un ap-par-te-ment or-née a-vec soin et des-ti-née à re-ce-voir com-pa-gnie, à jou-er, se re-po-ser, cau-ser, dan-ser, fai-re de la mu-si-que, etc.

TURC.

Ha-bi-tant de la Tur-quie, vas-te pays, dont le ter-ri-toi-re s'é-tend é-ga-le-ment en Eu-ro-pe et en A-sie. Les Turcs pro-fes-sent la re-li-gion de Ma-ho-met, en-sei-gnée dans le Ko-ran.

U-NI-FOR-ME.

En ter-me d'art mi-li-tai-re ce mot dé-si-gne l'ha-bil-le-ment qui est pro-pre aux of-fi-ciers et sol-dats de cha-que ré-gi-ment.

Gar-de na-ti-o-nal en u-ni-for-me.

VA-LET.

In-di-vi-du aux ga-ges de quel-qu'un et qui sert en qua-li-té de do-mes-ti-que. Ce ter-me a quel-que cho-se de mé-pri-sant et em-por-te un sens de dé-ni-gre-ment.

XER-XÈS.

Roi de Per-se, fa-meux par son or-gueil, et par les dé-fai-tes que lui fi-rent é-prou-ver les Grecs, qu'il vou-lait sou-met-tre à son vas-te em-pi-re. Il fut as-sas-si-né l'an 465 a-vant J. C.

YACHT.

Pro-non-cez *ia-que*.

Sor-te de bâ-ti-ment (na-vi-re) qui va à ra-mes et à voi-les. Les yachts sont fort en u-sa-ge en An-gle-ter-re.

Dans ce mot l'y est as-pi-ré.

ZÉ-PHI-RE.

Dieu de la Fa-ble, fils de l'Au-ro-re. On le re-pré-sen-tait sous la for-me d'un jeu-ne hom-me a-yant sur la tê-te u-ne cou-ron-ne com-po-sée de tou-te sor-te de fleurs.

LE VOL
DE L'HIRONDELLE.

Al-fred é-tait un jeu-ne en-fant qui ai-mait beau-coup son pè-re et qui sui-vait en tous points ses le-çons. Il cou-rut un jour vers lui : « Mon cher pa-pa, lui dit-il, vois donc là-bas sur la ri-viè-re cet-te hi-ron-del-le qui vo-le ain-si de bas en haut. Au mo-ment de pren-dre son es-sor el-le bat ra-pi-de-ment des ai-les; mais bien-tôt a-près el-le les lais-se é-ten-dues pres-que sans mou-ve-ment, et pour-tant el-le fend l'air a-vec au-tant de vi-tes-se qu'u-ne flè-che. »

Le pè-re ré-pon-dit : « Cet-te hi-ron-del-le est l'i-ma-ge de l'hom-me dans son vol vers le bien. Quand il veut s'é-le-ver au-des-sus de l'é-go-ïs-me et des vi-ces qui af-fli-gent l'hu-ma-ni-té, il lui en coû-te, au com-men-ce-ment, beau-coup d'ef-forts; mais dès qu'il s'est é-le-vé dans les ré-gions de la ver-tu, il s'y sou-tient sans pei-ne. »

INTELLIGENCE
ET
FIDÉLITÉ D'UN CHIEN.

On raconte des choses merveilleuses de la sagacité et de la fidélité du chien, ce bel animal dont les qualités ont été si bien dépeintes par Buffon.

« Le chien, dit ce savant naturaliste,
» vient en rampant mettre aux pieds
» de son maître son courage, sa force,
» ses talents, il attend ses ordres pour
» en faire usage : il le consulte, il l'in-
» terroge, il le supplie, un coup d'œil
» suffit.... Il ne se révolte pas contre

» les mauvais traitements, il les subit,
» les oublie, et lèche la main qui vient
» de le frapper. »

Lui a-t-on confié la garde d'une maison, d'une ferme; sans cesse en éveil à la porte de la niche, s'il sent de loin venir des étrangers, il donne l'alarme par des aboiements réitérés, et pour peu que ces étrangers veuillent forcer le passage, il s'élance contre eux, les combat, et les contraint à ne pas franchir la porte ou les barrières.

Citons un exemple de dévouement de l'un de ces animaux à son maître.

Un fermier traversant un jour une rivière tandis qu'elle était prise, la glace fonça au milieu de cette rivière, et il tomba dans l'eau. Il ne fut cependant pas entraîné par le courant, parce que son bâton qu'il tenait à la main était tombé en travers sur l'ouverture de la glace. Un chien dont il était accompagné, après avoir fait des efforts inutiles pour sauver son maître, courut à un hameau voisin, et saisit par l'habit le premier passant qu'il rencontra : cet homme effrayé voulut se dégager de l'animal et le frapper; mais le chien le regarda d'un air si touchant et si expressif, il le tira par son habit avec une si douce violence, que l'homme commença à croire que ce chien avait quelque chose d'extraordinaire à lui faire entendre, et se laissa conduire par l'animal, qui le mena assez à temps vers son maître pour le sauver. »

www.ingramcontent.com/pod-product-compliance
Lightning Source LLC
Chambersburg PA
CBHW061016050426
42453CB00009B/1472